AF224784

48
2872

TRAVAUX

DE LA PREMIÈRE SECTION

DU SUPRÊME CONSEIL

POUR L'AMÉRIQUE.

FÊTE DE L'ORDRE.

Inauguration du Buste de Sa Majesté
Louis XVIII, et de celui de son
Auguste Frère MONSIEUR.

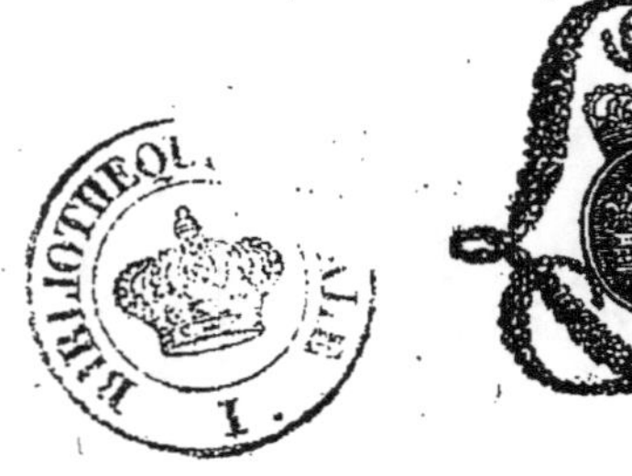

PARIS,

CAILLOT, Libraire, rue Pavée-St.-André, n.º 19.

1816.

EXTRAIT

Du livre d'Architecture de la première section
du suprême Conseil, pour l'Amérique.

SÉANCE du 27ᵉ. jour du 10ᵉ. m∴ de l'an de la
V∴ L∴ 5815, et de l'ère chrétienne, le 27 Dé-
cembre 1815.

FÊTE DE L'ORDRE

Et Inauguration du Buste de SA MAJESTÉ
LOUIS XVIII et de celui de son
Auguste frère MONSIEUR.

A la gloire du grand Arch∴ de l'uni∴ et sous
les auspices de la grande Loge universelle
d'Érodom et du T∴ P∴ S∴ Gd∴ C∴

L'AN de la V∴ L∴ 5815, et le 27.ᵉ jour du
dixième mois, la première section du suprême
conseil pour l'Amérique, régulièrement convoquée et
fraternellement assemblée sous les points géométriques
connus des VV∴ EE∴ de la L∴, dans un lieu trè-

E∴, très-M∴ et très-F∴, où règnent l'union, la franchise et la discrétion, midi plein.

Les travaux sont ouverts au premier grade Symbolique, à l'Est par le T∴ P∴ S∴ Gd∴ C∴ comte de Grasse, Gd∴ M∴ de l'ordre, à l'Ouest et au Sud, par les très-ill∴ FF∴ baron de Margueritte et Rogier, premier et second grands surveillans, le très-ill∴ F∴ Tissot, grand Orateur, étant à sa place; le T∴-Ill∴ F∴ Gaillard, baron de Baracat, S∴ général tenant le pinceau. Un triple houzé est vivement porté en l'honneur de notre Monarque, aux cris long-temps prolongés de vive le Roi!

Les frères de l'harmonie font entendre l'air chéri des Français : *vive Henri IV!* Lecture faite de la planche des derniers travaux, elle est sanctionnée en la manière accoutumée.

Le T∴-Ill∴ F∴ de Magellen propose de reculer jusqu'au 15 janvier prochain, le délai accordé aux FF∴ arriérés, pour leurs quotités; ce qui est arrêté à l'unanimité, et décrété par le T∴ P∴ S∴ Gd∴ commandeur.

Le diplôme du F∴ Reinhenbach est visé par le T∴ P∴ S∴ G∴ C∴ et par les autres officiers dignitaires.

Le F∴ Darville, Ch∴ du Christ, deuxième lieutenant du Consistoire de Rennes, demande le visa de son diplôme, ce qui lui est accordé.

(5)

On frappe à la porte du Temple en maçon.

Le F.·. M.·. D.·. C.·. annonce un grand nombre de FF.·. visiteurs de l'Orient de Paris, qui sont reçus dans le temple avec tous les honneurs qui leur sont dûs, au son d'une musique mélodieuse.

Le grand Orateur dit :

TT.·. Ch.·. FF.·. visiteurs,

Le T.·. P.·. S.·. G.·. C.·. voit avec plaisir les Maçons des différens At.·. de la capitale, arriver en foule, pour assister à la fête des vrais Ecossais, et qui a pour but principal l'inauguration du buste de Sa Majesté Louis XVIII, et de celui de son auguste frère, *Monsieur.*

Recevez, mes TT.·. CC.·. FF.·., l'assurance de nos sentimens et d'un dévouement sans bornes.

Les FF.·. visiteurs remercient, on couvre leurs applaudissemens, et pendant qu'ils prennent place a l'Orient et sur les différentes colonnes, suivant leurs grades, les FF.·. de l'harmonie exécutent l'air : (*où peut-on être mieux*), ce qui leur prouve le plaisir qu'on a de les recevoir.

On frappe encore à la porte du Temple, en Maçon.

Le Gd.·. M.·. D.·. C.·. annonce les visiteurs des Orients étrangers, parmi lesquels se trouvent un Prince Russe et plusieurs généraux Prussiens.

Le F∴ Gd∴ O∴ dit :

Très-chers FF∴ visiteurs des Orients étrangers,

La Maçonnerie est répandue sur les deux hémis-phères, les enfans de la veuve ne sont étrangers nulle part, ils se reconnaissent dans tous les pays, malgré la diversité des langues. Voilà le vrai beau de notre ordre, fondé sur des bases impérissables. Le T∴ P∴ S∴ Gd∴ C∴ est sensible à votre aimable visite, et il me charge de vous en remercier.

On couvre leurs applaudissemens, ensuite chaque F∴ se place soit à l'Orient, ou sur les différentes colonnes.

On entend encore frapper à la porte du Temple, en Maçon.

Le F∴ M∴ D∴ C∴ annonce la députation de la R∴ L∴ des sept Ecossais réunis.

Par l'ordre du T∴ P∴ S∴ G∴ C∴, cinq FF∴ munis de glaives et d'étoiles, précédés du M∴ D∴ C∴ et du porte-étendard, vont à sa rencontre.

Les portes du Temple ouvertes, cette députation est introduite au son des instrumens, et sous la voûte d'acier, maillets battans.

Arrivée à l'Est,

Le T∴-Ill∴ F∴ Gd∴ orateur dit :

TT∴ CC∴ FF∴ composant la députation de la R∴ L∴ des sept Ecossais réunis,

Le T∴ P∴ S∴ Gd∴ C∴, ainsi que tous les membres du Suprême Conseil et du Consistoire Américains, éprouvent un plaisir bien doux en vous voyant dans ce Temple; ils me chargent de vous témoigner toute leur gratitude.

Quelques-uns de vous, mes Frères, nous ont négligés, mais tout doit être oublié dans un jour aussi solennel. Peu nous importe qu'on veuille élever autel contre autel, le Suprême Conseil fera tout ce qui dépendra de lui pour éviter un schisme; mais pour arriver à ce but tant désiré, il faut s'entendre marcher d'un pas uniforme, se rallier sous le même étendard, et l'écossisme triomphera.

On couvre les applaudissemens en la manière accoutumée, et les FF∴ prennent place.

On frappe à la porte du Temple en Maçon.

Le F∴ M∴ D∴ C∴ annonce la députation de la R∴ L∴ Écossaise de Jérusalem, présidée par son Vénérable le T∴ Ill∴ F∴ Rogier, S∴ Gd∴ Insp∴ Général, 33.e dégré, et Prince du Tropique.

Sur l'ordre du T∴ P∴ S∴ Gd∴ C∴, cinq FF∴ munis de glaives et d'étoiles, précédés du M∴ D∴ C∴ vont à sa rencontre. Les portes du temple ouvertes, cette députation est introduite au son d'une musique analogue à la cisconstance, et sous la voûte d'acier, maillets battans.

Arrivée à l'Est, le T∴-Ill∴ F∴ Gd∴ O∴ dit:

(8)

Très-illustre Vénérable et Président de la députation de la R∴ L∴ Ecossaise de Jérusalem,

Le T∴ P∴ S∴ Gd∴ C∴ comptoit sur l'exactitude que vous mettriez à vous rendre dans ce Temple, et votre députation, aussi nombreuse que bien composée, lui prouve qu'il ne s'est pas trompé dans son attente. Il connaît le zèle des enfans de Jérusalem, pour le rit Ecossais, il sait qu'ils sont *ses* plus fermes colonnes.

Recevez, Mes Très-Chers Frères, par mon organe, les témoignages de sa vive reconnaissance et de l'amitié la plus parfaite.

On couvre les applaudissemens avec enthousiasme, et les FF∴ se placent suivant leurs grades.

Après avoir entendu frapper à la porte du Temple, en Maçon, le F∴ M∴ D∴ C∴ annonce la députation de la R∴ L∴ de la Rose du Parfait Silence, et celle de la R∴ L∴ de la Rose Etoilée.

(On observe le même cérémonial que pour les deux premières députations).

Arrivées à l'est, le Grand Orateur dit :

Très-Chers Frères,

Je me félicite d'être l'organe du T∴, P∴ S∴, Grand Commandeur, pour vous témoigner tout le plaisir que nous éprouvons, de posséder des Maçons tels que vous. L'Illustre F∴ Juderets, que je vois à votre tête nous est un sûr garant de vos sentimens.

On couvre les applaudissemens comme à l'ordinaire, et chacun prend place.

On frappe à la porte du Temple en Maçon.

Le F∴ M∴ D∴ C∴ annonce la députation de la R∴ L∴ des Chevaliers de l'Étoile de l'Orient de Versailles, présidée par le T∴ Ill∴ F∴ Dupont de Beauregard, son Vénérable, revêtu de l'uniforme des Gardes-du-Corps du Roi.

(Le cérémonial est le même que ci-dessus).

Cette députation arrivée à l'Est, le Grand Orateur dit :

Très-Ill∴ Vénérable, Très-Chers Frères,

Vous vous êtes rendus à l'invitation de votre Grand Maître, il vous en remercie par mon organe. Nous comptions sur vous, mes Frères, avec d'autant plus de raisons que plusieurs Membres de votre R∴ At∴ font partie du Consistoire Américain.

Venez nous visiter toutes les fois que vos affaires civiles vous appeleront dans la capitale, et vous nous verrez toujours empressés à recevoir nos Frères de Versailles.

Les applaudissemens étant couverts, les FF∴ prennent place sur les colonnes.

Enfin, on frappe encore à la porte du Temple, en Maçon.

Le F∴ M∴ D∴ C∴ annonce la députation de la R∴ L∴ des Amis réunis de l'Orient de Blois et celle de la R∴ L∴ du creuset moral de l'Orient d'Orléans.

(Le cérémonial est le même que pour les députations précédentes.)

Arrivées à l'Est., le Gd∴ O∴ dit :

Très-chers FF∴, composant la députation de la R∴ L∴ des Amis réunis à l'Orient de Blois,

La cérémonie de ce jour fera époque dans les annales de la Maçonnerie, et vous êtes dignes d'y prendre part : le grand maître vous sait gré de votre attachement pour lui.

Et vous, respectables FF∴ de la L∴ du creuset moral à l'Orient d'Orléans,

L'empressement que vous avez mis à vous rendre à l'invitation du T∴ P∴ S∴ Gd∴ C∴ est une preuve que vous êtes dignes d'être comptés parmi ses Ecossais et de faire partie de cette société, où l'on voit figurer tant de guerriers, non moins illustres que l'héroïne à laquelle votre ville a érigé un monument.

Recevez, très-chers FF∴, l'assurance d'une amitié inaltérable.

On couvre les applaudissemens, et chacun prend place.

Les colonnes étant bien garnies, tant par les différentes députations que par les FF∴ Visiteurs parmi lesquels on remarque beaucoup d'étrangers de la plus grande distinction et un grand nombre d'officiers de la maison du .Roi, le plus grand silence règne dans l'assemblée, quoique composée au moins de trois cents personnes.

Le T∴P∴S∴Gd∴C∴ frappe trois coups qui sont répétés par les deux FF∴Gds∴ Surveillants.

Le grand Orateur dit :

Écossais, votre grand Maître vous a fait un appel pour assister à l'inauguration du buste du meilleur des Rois et de celui de son auguste frère, *Monsieur*.

Vous avez répondu à sa voix, il est content de vous.

Alors les frères de l'harmonie exécutent l'air (*Vive Henri quatre!*) autant de temps qu'il en faut pour former le cortége qui s'organise dans le parvis ; et de la manière suivante :

1º. Le grand Maître des cérémonies ;

2º. Deux Diacres avec leurs hallebardes ;

3º. Quatre Chevaliers armés de la maison du Roi ;

4º. Les drapeaux ;

5º. Le buste du Roi, porté par deux Gardes-du-Corps, et par deux Officiers de la Garde nationale à pied, sur un brancart couvert d'un drap bleu, fleur-delisé ;

6º. Quatre Gardes-du-Corps derrière ;

7º. Le buste de *Monsieur* porté par deux de ses

Gardes et par deux Officiers de la Garde nationale à cheval, sur un brancart couvert d'un drap vert;

8o. Quatre Gardes de *Monsieur* derrière;

9°. Plusieurs Mousquetaires, Gardes de la porte et autres Officiers de la maison du Roi et de la Garde nationale, tant à cheval qu'à pied;

10°. Deux Diacres avec leurs hallebardes fermant la marche;

Le cortége, ainsi formé, on frappe à la porte du témple en maçon.

Le T∴ P∴ G∴ C∴ dit :

Frère grand Expert, voyez qui frappe ainsi?

Le grand Expert, sur l'invitation du grand Maître, va à la porte du temple, en ouvre un des battants, le referme et revient en disant, à haute voix :

T∴ P∴ S∴ Gd∴ C∴, c'est le buste du Roi et celui de *Monsieur* que vos Écossais vous présentent.

Alors le T∴ P∴ S∴ Gd∴ C∴ quitte le Trône et va au devant du cortége.

Arrivé à la porte du temple, on ouvre les deux battans, le grand Maître dit très-haut :

Chevaliers,

Vive le Roi! vive *Monsieur*! vive le Roi! vivent les Bourbons!

Au même instant, tous les FF∴ se lèvent spontanément et crient, avec le plus grand enthousiasme, vive le Roi! vive *Monsieur!* vive le Roi! vivent les Bourbons!

Ensuite le cortége, précédé du T∴ P∴ S∴ Gd∴ C∴ entre sous la voûte d'acier formée par les FF∴ composant les deux colonnes aux cris mille fois répétés de vive le Roi! vivent les Bourbons!

Pendant la marche, les FF∴ de l'harmonie exécutent l'air : (où peut-on être mieux!)

Arrivé à l'Orient, le cortége s'arrête et le T∴ P∴ S∴ Gd∴ C∴ place les bustes sur chaque piedestal et met une couronne sur la tête du Roi.

Au bas du buste de Sa Majesté on lisait le quatrain de la composition du F∴ Tissot, Gd∴ Orateur.

> « Français, en contemplant ce Buste,
> » Qui de vous n'est pas attendri !
> » Vous y voyez les traits d'un Roi clément et juste
> » Dont le règne promet celui du bon Henri.

Au bas du buste de *Monsieur* on lisait aussi le quatrain du même auteur.

> « Des Chevaliers français ! toujours le plus aimable
> » Sur son front se peint la bonté.
> » Si son absence fut une calamité,
> » Son retour nous assure un bonheur inéffable.

Les bustes du Roi et de *Monsieur* étant placés à l'Est, chacun reprend sa place et les Frères artistes chantent le cantique suivant, de la composition du Frère Tissot grand Orateur, mis en musique par le

(14)

Frère A. H. Kretschmer, Auteur de l'heureux retour, du triomphe des lis et de la lyre royale.

CANTIQUE.

Ier

De Louis, de ce Prince auguste,
Écossais, contemplons le Buste.
Chantons le cantique loyal
Des partisans de l'art royal.

CHŒUR.

Aimer, servir son Roi, mourir pour la Patrie :
Hiram, voilà quels sont les devoirs de tes fils ;
Devant Jérusalem, leur cohorte aguerrie
Fut l'effroi du Croissant et la gloire des Lis.

2^e

Pour avoir fixé la victoire,
Notre ordre est cité dans l'histoire.
Braves Chevaliers d'Orient,
Vous répétiez en combattant :

CHŒUR.

Aimer, servir son Roi etc.

3^e

Les Maçons, remplis de vaillance,
Ont souvent honoré la France.
En repoussant le Sarrasin,
Ils chantaient ce noble refrain :

CHŒUR.

Aimer, servir son Roi etc.

4ᵉ.

Enfin les enfans de la veuve
De valeur ont toujours fait preuve.
Fiers de ces guerriers, nos aïeux,
Répétons aujourd'hui comme eux :

CHŒUR.

Aimer, servir son Roi, mourir pour la Patrie,
Hiram, voilà quels sont les devoirs de tes fils ;
Devant Jérusalem leur cohorte aguerrie
Fut l'effroi du Croissant et la gloire des Lis.

DISCOURS

Prononcè par le T∴ ill∴ F∴ Tissot S∴ Gd∴ insp∴ général, 33e. degré, Prince du tropique, grand Orateur du suprême Conseil d'Amérique, de la Chambre capitulaire, du Chapitre et de la R∴ L∴ Écossaise de Jérusalem.

Très – puissant Souverain. Grand Commandeur. Lieutenant grand Commandeur. Inspecteurs-généraux du 33e- degré. Princes du royal secret. Grands Inquisiteurs. Chevaliers Kadoschs. Respectables Visiteurs. Et vous tous, mes très-chers frères en vos grades et dignités.

QUEL spectacle imposant ! Quelle brillante et nombreuse Assemblée ! Quelle témérité de ma part !

Mais pourquoi m'alarmer, l'indulgence n'est-elle pas la première vertu des Maçons.

Cependant je sens plus que jamais combien la tâche que mes fonctions m'imposent est difficile à remplir, puisque j'ai à parler sur un sujet déjà traité depuis si long-temps par les Orateurs les plus instruits et les plus éloquens.

Néanmoins

Néanmoins, mes très-chers Frères, si vous apercevez dans ce discours quelques étincelles de ce feu maçonnique qui sait si bien vous enflammer, je ne les réclame point, elles vous appartiennent, puisque c'est au milieu de vous que je les ai puisées.

Trop heureux d'être le fidèle interprète de vos cœurs et de vos sentimens.

Écossais,

Deux motifs bien puissans nous réunissent aujourd'hui; le premier est l'inauguration du buste de Sa Majesté Louis XVIII, et de celui de son auguste frère *Monsieur*. Le second est de célébrer avec toutes les loges écossaises et les maçons du rite moderne, la fête de uotre illustre patron St Jean, dont je n'entreprendrai point de vous faire le panégirique. Plusieurs Maçons éclairés l'ont fait avant moi, et je n'ai point l'amour-propre d'entrer en concurrence avec eux.

Mais, mes Frères, comment ne pas vous parler du meilleur des Rois, du fils de St Louis, à qui nos ancêtres ont juré fidélité ; car vous ne l'ignorez pas, le serment solennel des anciens Maçons était conçu en ces termes :

« *Je jure de mourir pour Dieu, le Roi et la* » *Patrie.*

PRO DEO, REGE ET PATRIA.

Dans ce jour trois fois heureux , je me plais à croire que chacun de nous le renouvelle en présence du Grand Architecte de l'univers , qui connaît la pureté de nos cœurs et notre amour pour nos Rois.

Oui , mes Très-Chers Frères , l'amnistie proposée à la Chambre des Députés , par Sa Majesté nous prouve qu'il est le digne petit-fils du vainqueur de la Ligue. *Son grand acte de clémence royale à la Henri -IV.* (Pour me servir de l'expression énergique des braves Provençaux.) doit faire abjurer toutes les erreurs , doit étouffer toutes les haines et lui attacher tous les cœurs.

Ici les frères artistes chantent le morceau suivant.

Air : *Charmante Gabrielle.*

Ier.

O France ! ô ma Patrie !
Après tant de malheurs
J'aperçois ton génie
Qui vient tarir nos pleurs.
Il nous rend un bon père
Un Roi chéri :
Qui déjà vient de faire
Comme Henri.

CHŒUR.

Il nous rend un bon père, etc.

2e.

Que par cette amnistie
Il s'attache de cœurs,

Chacun, l'ame attendrie,
Abjure ses erreurs.
Dans ces temps de licence
On put faillir....
Mais toujours l'indulgence
Fit repentir.

CHŒUR,

Dans ces temps, etc.

3e.

Un Prince bon et juste
Rend ses peuples heureux.
La clémence d'Auguste
Le mit au rang des Dieux.
Du Roi la bienfaisance
Nous fait sentir
Que pour sauver la France
Il faut s'unir.

CHŒUR.

Du Roi etc.

(On ne saurait se dissimuler que ces couplets ont fait verser des larmes bien douces à tout l'auditoire.)

Continuation du Discours.

Très-puissant Souverain Grand Commandeur, il ne vous manquait plus que d'être à la tête de cette auguste cérémonie, qui fera époque dans les annales de la Maçonnerie.

Je sais, mon Très-illustre Frère, qu'il est difficile

de louer dignement et sans flatterie ; je sais aussi que la louange est peu de chose, et que c'est la manière de la dispenser qui en fait tout le mérite. Aussi sans crainte de passer pour adulateur, et de blesser votre modestie, je puis hautement parler de la gloire de vos aïeux, de celle de votre père, et de votre dévouement au meilleur des Rois, qui, je n'en doute point, saura récompenser un serviteur tel que vous.

Mes Très-Chers Frères,

Je m'estime heureux d'avoir à parler devant des Maçons, et c'est aussi des Maçons dont je veux vous entretenir.

Leur rang, leurs priviléges, leur autorité, leur primatie, voilà les objets que je me propose de vous démontrer, non en m'appuyant sur des fables et des suppositions, mais en cherchant dans l'histoire des faits et des monumens incontestables.

La Maçonnerie, mes Frères, date des temps les plus reculés, l'écoulement de plusieurs siècles n'a pu en altérer la pureté, tout le monde est d'accord sur ce point, même les plus grands ennemis de l'Art Royal. Mais ce que beaucoup de Profanes et même de Maçons ignorent, ce sont les services que nos Frères ont rendus aux différentes puissances, les secours qu'ils ont prodigués aux infortunés de tous les pays ; c'est enfin la valeur qu'ils ont montrée dans les entreprises les plus périlleuses.

Tous ces faits glorieux, consignés dans les annales du monde, je veux vous les rappeler aujourd'hui, pour vous faire sentir l'injustice de quelques Potentats, qui, sur de faux rapports, ont persécuté nos Frères.

Cependant la fidélité des Maçons s'est élevée dans tous les temps aux points les plus distingués. Saint-Louis, partant pour la Terre-Sainte, fit choix d'un certain nombre de vaillants Ecossais, pour combattre près de sa personne ; il en forma sa première garde. C'est avec eux qu'il veut conquérir les Lieux-Saints et fonder un nouvel empire.

Ce sage prince, juste appréciateur du mérite, connaissait les Maçons depuis long-temps, et voulait honorer leurs vertus. Depuis cette époque les Monarques Français n'ont cessé d'avoir à leur service des Ecossais, et l'on voit encore actuellement à leur suite la compagnie des Ecossais.

Ceux que Saint-Louis rassembla connurent les secrets des Maçons, ceux-ci prirent le nom d'Ecossais et formèrent des établissemens de tous côtés ; alors notre ordre s'étendit.

La Suède, l'Ecosse, l'Angleterre furent les théâtres de leur valeur et de leur fidélité. On voulait s'appeler Ecossais et pratiquer leurs vertus. Les Princes accueillaient tous les valeureux personnages que le retour des guerres saintes ramenèrent en Europe ; de là let Loges Ecossaises, les Collèges Ecossais.

Je ne veux point vous rappeler ici mille faits avantageux pour les Maçons Ecossais ; comment ils furent les appuis de l'Etat et de la Religion, le soutien de l'humanité et de l'innocence, les vengeurs du crime, les colonnes des Empires, les fléaux des méchants, les barrières de l'impiété. Bornons-nous à certains points plus renfermés dans notre objet, et plus analogues à la solennité de ce jour.

Je n'appelerai point ici en témoignage quelques hommes renfermés dans le cercle de leurs familles.

Des nations entières, des Rois, des armées victorieuses, voilà mes garants.

La France, l'Italie, l'Angleterre, la Suède, la Palestine, la Syrie, l'Egypte, voilà mes témoins.

L'on peut suborner des particuliers et leur faire dire ce que l'on voudra, mais personne ne se vantera de pouvoir fasciner les yeux de l'univers entier.

La France *me sera témoin* de l'union des Chefs de la première Croisade. *Baudoin, Eustache, Robert, Godefroy, Hugues, Raimond* ; leurs desseins sont connus, leur valeur éprouvée, leur mérite les précède ; unis aux anciens Écossais qui étaient venus les chercher, ils partent pour les Champs où l'on voit naître le Palmier.

La Syrie *me sera témoin* des exploits périlleux de *Bohémond* dans la surprise d'Antioche, sa capitale, lorsqu'aidé de *Godefroy*, il enleva cette métropole à l'Arabe insolent.

Nos costumes, les décorations de notre ordre y fleurissent, et les ruines de cette grande ville montrent encore aux voyageurs étonnés le signe respectable des Princes Croisés.

L'Egypte *me sera témoin* de la constance héroïque de tous les guerriers Écossais.

La ville de *Damiette* fut le boulevard de leurs travaux, le théâtre de leur vaillance, le monument de leur courage. Les déserts mêmes, déposeront du savoir profond des Maçons Écossais, de leurs études, de leur application particulière, et les renseignemens philosophiques que nous pourrions encore produire dans les respectables écrits du savant *Momérius, en feront foi.*

La Palestine et Jérusalem *me seront témoins* de l'entrée de Louis IX.

« Ces lieux vénérables ont vu le soldat désarmé » arroser de ses larmes une terre consacrée par la » présence de tant d'illustres et saints personnages. »

L'Angleterre *me sera témoin de toutes ces ins-titutions admirables* qui honorent la vertu, déracinent le vice et annoncent la vérité ; de ces loges primitives que Guillaume le Conquérant éleva chez un peuple qu'il venait de subjuguer et qui furent les plus grands fondemens de son autorité royale.

La Suède *me sera témoin* du dépôt sacré qu'elle conserve encore.

Les vertus *d'Aldaric*, celles des Chevaliers de son temps, la protection éclatante des Rois, tant d'illustres compagnies rassemblées sous les auspices de la Croix, voilà des faits qu'on ne peut révoquer en doute.

Les morts, les tombeaux seront encore mes témoins. Combien de guerriers croisés portent encore sur eux, dans la poussière du cercueil, les marques de leur confédération. Tous les monumens funèbres, toutes les armoiries, tous les mausolées sont chargés de croix diversifiées à l'infini ; car, ne vous y trompez pas, toutes les marques d'honneurs qui décorent un grand nombre de familles, ont pris en partie leur origine dans les guerres saintes ; et toutes ces croix sont autant de respectables vestiges de la valeur de nos ancêtres.

Les ténèbres de la nuit, les rochers, les antres sauvages seront encore mes témoins.

Louis VII abandonné de son armée ; seul sur un rocher escarpé, se défend encore. Les traits volent sur lui, il va périr,.... l'instant approche, le monarque ne sera bientôt plus.

Un soldat se précipite à travers les dangers, ses efforts sont victorieux, le Prince est sauvé!

Quel était ce guerrier? un Écossais. Mourir pour son Roi, sauver son prince, expirer à ses yeux, c'est la gloire des Maçons.

Sera-t-il nécessaire de pousser plus loin le détail intéressant des services qu'ont rendus les Maçons?

Faudra-t-il employer des preuves plus incontestables?

Toutes les histoires, toutes les annales n'ont qu'une voix, toutes les traditions qu'un cri, tous les hommes qu'un sentiment.

Je m'arrête, Mes Frères, resterait-il encore quelques doutes sur les témoignages que je viens de produire?

En ai-je assez dit sur nos priviléges, notre autorité et notre légitime primatie?

Je vous ai fait voir ce que nous avons été; c'est à l'univers à voir ce que nous sommes encore aujourd'hui.

Nous subsistons à l'ombre des vertus, nous sommes adorateurs de l'Éternel, fidèles à l'amitié. C'est dans nos temples que nous travaillons à nous rendre meilleurs, et nos devoirs consistent à bien servir notre Prince, à avoir de l'indulgence pour nos Frères et à prodiguer des secours à la veuve, à l'orphelin, ainsi qu'à tous les êtres malheureux répandus sur les deux hémisphères.

(26)

Voilà , Mes Frères , voilà cependant les hommes qui sont encore persécutés dans certains pays.

Mais rassurez-vous , sectateurs zélés de l'art royal, ces persécutions ne peuvent durer long-temps dans un siècle aussi éclairé que le nôtre, et la Maçonnerie, loin d'en recevoir aucune atteinte, se répandra plus que jamais sur la surface de la terre.

L'Angleterre, (qui tout nouvellement vient de renommer *le Prince régent Grand-Maître.*) La France , la Russie lui serviront d'égide ; et la prépondérance de ces trois grandes puissances lui assure un triomphe aussi glorieux que durable.

Convenons donc , Mes Frères , qu'il est bien agréable pour nous , de faire partie d'une institution aussi révérée , aussi antique et aussi illustrée par tant de héros.

Tâchons d'imiter ces modèles de bravoure , de dévouement et de fidélité.

Vive le Roi ! vive le Roi ! vive le Roi !

Grand architecte de l'univers , ô Dieu éternel ! Daigne , je t'en conjure , jeter un coup-d'œil favorable sur tous les Frères ici rassemblés pour te rendre l'hommage le plus pur. Daigne les éclairer de tes lumières pour ta plus grande gloire, pour la prospérité de la Maçonnerie en général, et celle du suprême conseil d'Amérique en particulier.

Le discours du F∴ Gd∴ O∴ a été couvert d'applaudissemens et l'impression en a été ordonnée à
l'unanimité.

Les remerciemens du F∴ G∴ O∴ ayant été cou-
verts, les Frères artistes ont chanté les couplets suivans.

AIR : *Un soldat par un coup funeste.*

1er.

Dans la franche Maçonnerie
On compte de preux chevaliers,
Qui, dans les champs de la Syrie
Furent moissonner des lauriers.
   L'amour de la gloire,
Sous les bannières de la foi,
Les conduisit souvent à la victoire
En combattant près de leur Roi.   *Bis.*

CHŒUR.

L'amour de la gloire, etc.

2e.

Un *Écossais* plein de courage
Voit *Louis sept* dans le danger ;
Il vole au milieu du carnage
En cherchant à le dégager.
   Et l'ame attendrie
Pour ce Prince, il tremble d'effroi !...
Il brave tout, il le sauve et s'écrie :
Vive le Roi ! vive le Roi !   *Bis.*

CHŒUR.

Et l'ame attendrie, etc.

3e.

Depuis ce temps les Rois de France
Pour garde ont eu des Ecossais ;
Leur dévouement et leur vaillance
Ne se démentirent jamais.
    Leur ardeur guerrière
Les fit connaître à Fontenoi !
Plusieurs d'entr'eux, en mordant la poussière,
Criaient encor vive le Roi !
Vive le Roi ! vive le Roi !

CHŒUR.

    Leur ardeur guerrière
Les fit connaître à Fontenoi,
Plusieurs d'entr'eux, en mordant la poussière,
Criaient encor vive le Roi !
Vive le Roi ! vive le Roi !

Après ces couplets qui ont fait le plus grand plaisir et le plus grand honneur aux talens du Frère Tissot, grand Orateur, le Grand Maître fait circuler le sac des propositions ; il produit trois demandes.

La première est celle du T∴ Ill∴ F∴ Nicolleff, Gd∴ Insp∴ Gal∴ 33e degré, officier supérieur au service de Sa Majesté l'Empereur Alexandre, qui sollicite la faveur d'être le R∴ du suprême conseil d'Amérique pour la Russie d'Europe et d'Asie.

La seconde est celle du Comte Bogorscky, Prince du royal secret et 32e, colonel polonais, qui désire être le représentant du Consistoire américain dans le royaume de Pologne.

La troisième est celle de Louis Fauche Borel R∴ C∴ tendante à représenter la Chambre capitulaire à l'Orient de Neuchatel en Suisse.

Ces trois demandes ont été accordées à l'unanimité.

Ensuite le tronc de bienfaisance circule et son produit est entièrement distribué conformément à l'arrêté précédemment pris en faveur des séminaristes de Soissons.

Le T∴ P∴ S∴ Gd∴ C∴ annonce que les travaux sont suspendus. En conséquence il invite les FF∴ à passer dans la salle du banquet.

Alors la loge se ferme aux cris mille fois répétés de vive le Roi ! vive *Monsieur !* vivent les Bourbons !

Les FF∴ de l'harmonie exécutent les airs chéris des Français pendant que le cortége dont nous avons déjà parlé, défile dans le même ordre et emporte les bustes du Roi et de *Monsieur* dans la salle du banquet où un instant après tous les bustes de la famille royale ont été réunis.

Le cortége arrivé et les bustes placés à l'Est, cent cinquante à cent soixante FF∴ prennent place autour d'un fer à cheval resplendissant d'étoiles.

Peu de temps après le T∴ P∴ S∴ Gd∴ C∴ remet les travaux en vigueur pour porter les santés d'usage.

(30)

Celle de Sa Majesté Louis XVIII, Roi de France
et de Navarre, de *Monsieur*, de Madame la Du-
chesse d'Angoulême et de Monseigneur le Duc d'Angoulême, de Monseigneur le Duc de Berri a été portée avec tout l'enthousiasme de l'amour, du respect
et de la reconnaissance, et couverte par un morceau
d'harmonie qui a fait le plus grand plaisir. Cette
santé a été suivie de celle de la grande Loge universelle d'Hérodom, des députés des Loges écossaises et de celle des Orient étrangers. Ces diverses
santés ont été tirées avec le feu le plus vif et le plus
maçonnique.

Le F∴ de Marguerite, premier grand surveillant
a proposé, conjointement avec le F∴ Rogier, second
grand Surveillant. et le F∴ Tissot grand Orateur, la
santé du très P∴ S∴ Gd∴ C∴ présidant les travaux.
Cet Ill∴ F∴ a répondu avec toute la reconnaissance et l'énergie qui caractérisent un brave
militaire.

Après quelques instans, pendant lesquels tous les
Frères se sont livrés à la plus franche gaieté et aux
plus tendres épanchemens de l'amitié, le T∴ P∴ S∴
Gd∴ C∴, aidé des FF∴ Tissot Gd∴ O∴ et Gaillard, Secrétaire Général, fait porter la santé des FF∴
premier et second Grands Surveillants, dont le zèle
infatigable a si puissamment secondé le T∴ P∴ Gd∴
Maître.

Plusieurs santés bien chères à la première section du Suprême Conseil d'Amérique, sont portées en faveur des RR∴ LL∴ des sept Ecossais réunis, de Jérusalem, de la Rose du Parfait Silence, de la Rose Étoilée, des Chevaliers de l'Étoile, O∴ de Versailles, des Amis réunis, Orient de Blois, et du Creuset Moral, O∴ d'Orléans.

Le Très-Puissant Grand Commandeur dit :

Très-chers FF∴, l'empressement que vous avez mis à vous rendre à notre invitation, me prouve la sincérité de vos sentimens. Soyez persuadés que je ferai tout ce qui dépendra de moi, pour soutenir mes droits, qui sont les vôtres, et pour porter l'écossisme au plus haut période de gloire et de prospérité.

Le T∴ C∴ F∴ O∴ de la R∴ L∴ des sept Ecossais réunis, remercie au nom des Sept At∴ ci-dessus désignés, et commande l'exercice.

On couvre ensuite les applaudissemens en la manière accoutumée.

La santé des FF∴ Visiteurs est portée avec le feu le plus nourri et le plus pétillant.

Le T∴-Ill∴ F∴ Nicoleff, Grand Insp∴ G∴, trente-troisième dégré de l'O∴ de Saint-Pétersbourg, remercie de la manière la plus affable et la plus cordiale.

Les travaux étant en récréation, plusieurs FF∴

chantent des cantiques analogues à la cérémonie du jour, et parmi lesquels on distingue ceux du F∴ Tissot, Gd∴ Or∴, Dupont de Beauregard, Armand-Séville, de Nazon et Juderes, dont l'impression a été ordonnée.

Le Gd∴ M∴ fait circuler le mot de trimestre, qui est : « *B∴ F∴* »

Enfin la dernière santé d'obligation annoncée, la Chaîne d'Union formée, le Frère Tissot, Grand Orateur, entonne le Cantique de clôture. Tous les Frères tirent leurs Canons, en faisant des vœux pour la prospérité de tous les Maçons répandus sur les deux hémisphères. Ensuite le Baiser de Paix donné et le serment d'usage prêté, les travaux sont fermés à minuit plein, au sein de l'union la plus parfaite, en bénissant le Grand Architecte de l'univers, et aux cris mille fois répétés de *vive le Roi ! vive Monsieur ! vive le Roi ! vivent les Bourbons !*

Par mandement,

GAILLARD, Baron de BACARAT;
Secrétaire-général.

COUPLETS

Par le F∴ Tissot, Grand Orateur.

Air : *Vive Henri IV.*

Ier.

Par sa clémence   *bis.*
Louis – le – Désiré ,
Unit la France
Par un lien sacré ;
De reconnaissance
Chacun est pénétré.

CHŒUR.

Unit la France, etc.

2e.

De l'amnistie   *bis.*
Tous les cœurs sont contens ,
A la Patrie
Elle rend des enfans
Qu'une frénésie
Egara trop long-temps.

CHŒUR.

A la Patrie, etc.

3e.

Qu'on se rallie   *bis.*
Sous le drapeau des Lis.
Toute la vie
Chantons ; chantons Louis ;
A sa dynastie
Soyons toujours soumis.

(34)

CHŒUR.

Toute la vie
Chantons ; chantons Louis ;
A sa dynastie
Soyons toujours soumis.

4e.

Quelle allégresse
En ce jour j'aperçoi !
Dans cette ivresse,
Garant de notre foi,
Répétons sans cesse
Vive, vive le Roï !

CHŒUR.

Dans cette ivresse,
Garant de notre foi,
Répétons sans cesse
Vive, vive le Roi !

____

COUPLETS.

*Par le F∴ JUDERETS, Vénérable de la R∴ L∴ de la Rose
du Parfait Silence.*

1er.

Dans ce banquet qui rassemble des Frères
Qu'un nœud sacré rend à jamais unis ;
Vertueux Chef, toujours tu les resserres,
Ces doux liens, par eux toujours chéris.
De tes enfans reconnais la tendresse
Dans un moment qui les rend tous heureux ;
De leur plaisir comment peindre l'ivresse… ?
Leur Père est avec eux.

bis.

2ᵉ.

Oui, devant toi nous jurons de défendre
Les justes droits qu'on veut nous contester ;
Rite ennemi, tu dois un jour te rendre,
Et contre toi nous saurons l'emporter.
Non, ce n'est point une vaine promesse,
Les Ecossais ont des moyens vainqueurs ;
La vérité, la candeur, la sagesse :
    Voilà leurs défenseurs.   *bis.*

3ᵉ.

Mais j'aperçois dans ce Buste fidèle
Les nobles traits d'un Roi sensible et bon ;
J'y reconnais son ame paternelle,
Et de Louis sur ma bouche est le nom ;
De ses sujets il veut l'accord sincère,
Sous tels rapports qu'ils se trouvent placés ;
Ce sont aussi pour nous les vœux d'un père :
    Ils seront exaucés.   *bis.*

COUPLETS

Par le F∴ Tissot, Grand Orateur.

Air : *du Pas redoublé.*

1ᵉʳ.

Amis, que la franche gaîté
Préside à cette table,
Et buvons tous à la santé
De notre vénérable.
Bientôt à ce brave guerrier
Chéri de la Victoire,

Notre respectable atelier
Devra toute sa gloire.

CHŒUR.

Bientôt à ce brave, etc.

2e.

Il faut que de notre côté
Nous redoublions de zèle,
Sans la plus grande activité
Tout ne va que d'une aile.
Surveillans, ... au coup de maillet,
Vivement qu'on riposte ;
Nous, aux travaux... comme au banquet
Soyons fermes au poste.

CHŒUR.

Surveillants, etc.

3e.

Le Consistoire Américain
Triomphera j'espère ;
Je suis déjà presque certain
Du gain de notre affaire.
Sous un Chef de si grand renom
Que chacun se surpasse ?
Mais pouvons-nous manquer d'àplomb
Commandé par Degrasse.

CHŒUR.

Sous un Chef, etc.

COUPLETS.

Par le T∴ Ill∴ Frère DE NAZON.

AIR : *Un Soldat par un coup funeste.*

1er.

Le Roi qui nous ramène en France
Le bonheur et la loyauté ,
Dans nos cœurs place l'espérance
Par ses vertus et sa bonté.
    Dans notre allégresse ,
Quand nous lui donnons notre foi,
La charité, symbole de sagesse ,
Trace ces mots : vive le Roi !
Vive le Roi ! vive le Roi !

2e.

Ces trois vertus pour chaque Frère
Forment le Triangle Sacré ;
Il chérit, il croit, il espère ;
Et son bonheur est assuré.
    A Louis fidèles ,
Quand nous lui donnons notre foi,
Nos voix diront et nos cœurs avec elles,
Vive le Roi ! vive le Roi !   bis.

3e.

Le temps de la Chevalerie
Revient en France avec les Lis ;
Enfans de la Maçonnerie ,
Portons la santé de Louis.
    En trinquant nos verres.
Amis, redites avec moi
Ces mots touchans , si chers à tous les Frères ,
Vive le Roi ! vive le Roi !   bis.

COUPLETS

Par le F∴ Tissot, Grand Orateur.

Air : *Des Frélons bravant la piqûre.*

1er.

Enfans de la Maçonnerie,
Au Seigneur nous sacrifions ;
Toujours la plus douce harmonie
Préside à nos réunions.
Chacun de nous aime son Frère,
Les vertus que nous pratiquons
Nous vengent assez du vulgaire
Qui ne connaît pas (*bis*) les Maçons.

EN CHŒUR.

Chacun de nous, etc.

2e.

Mais j'aperçois un Néophyte,
Mes Frères, m'en répondez-vous ?
Informez-vous bien s'il mérite
Que nous l'admettions parmi nous.
A l'instant même qu'on éprouve
Son cœur de plus d'une façon,
Enfin il faut chez lui qu'on trouve
Tout ce qui peut faire (*bis*) un Maçon.

EN CHŒUR.

A l'instant, etc.

3e.

Candidat, pour voir la lumière
Il faut être un homme de bien,

Être bon parent et bon père,
Bon époux et bon citoyen.
Il faut encore être sincère
Donner . . . . sans ostentation :
Écouter et sur-tout se taire,
Tels sont les devoirs (*bis*) d'un Maçon.

EN CHŒUR.

Il faut encore, etc.

4e.

Sous un ingénieux emblème
Dans nos Temples nous travaillons ;
Nous adorons l'Être-suprême,
Seul moteur de nos actions.
Ah ! s'il descendait sur la terre
N'en doutez pas, chers Compagnons,
Son véritable sanctuaire
Serait dans le cœur (*bis*) des Maçons.

EN CHŒUR.

Ah ! s'il descendait sur la terre
N'en doutez pas, chers Compagnons,
Son véritable sanctuaire
Serait dans le cœur (*bis*) des Maçons.

COUPLETS.

Par le F∴ Dupont de Beauregard, Vénérable de la R∴
L∴ des Chevaliers de l'Étoile, Orient de Versailles.

AIR : *Pégasse est un cheval qui porte.*

1er.

Mes Frères, par votre indulgence,
Je fus excusé tant de fois ;

(40)

Qu'aujourd'hui , plein de confiance ,
J'ose encore élever la voix.
Si la faiblesse de ma muse
Du silence me fait la loi ,
Je vous offrirai pour excuse   *bis.*
L'amour de l'ordre et de mon Roi.

2e.

Au plaisir , à la douce ivresse ,
Chevaliers , donnons ce beau jour ;
Fêtons, dans nos chants d'allégresse ,
Louis et Saint Jean tour-à-tour.
D'un patron que chacun révère ,
Dans l'un chantons les soins touchans ;
Fêtons, dans l'autre , un tendre père ,   *bis.*
Qui ne vit que pour ses enfans.

3e.

Depuis qu'une terre étrangère
Possédait notre bon Louis ,
On ne voyait la France entière
Couverte que de noirs soucis.
Aux Lis enfin ils ont fait place ;
D'un bon Roi Fêtons le retour ,
Qu'il puisse oublier sa disgrace ,   *bis.*
Par le tribut de notre amour.

4e.

Enfin notre belle Patrie
Jouit du bienfait de la paix ,
De Louis bientôt le génie
Amènera d'autres bienfaits.
L'airain , en signe de carnage ,
Ne tonne plus dans nos vallons ,

De nos fêtes c'est le présage,　　　　　　*bis.*
Graces au retour des Bourbons.

5e.

INVOCATION.

Maître des Cieux et de la terre,
Toi, dont nous adorons la loi,
A tes pieds, vois la France entière
T'adressser des vœux pour son Roi.
Protecteur de notre Patrie,
De Louis veille sur les jours ;
D'une si précieuse vie　　　　　　*bis.*
Ah ! daigne prolonger le cours.

COUPLETS.

Par le F∴ Tissot, grand Orateur.

Air : *De la contre-danse des petits pâtés.*

1er.

Ah ! qu'il est doux d'être Maçon,
Soyons fiers d'un aussi beau nom !
Et chantons tous à l'unisson,
Vivent les enfans d'Hérodom !
　Sur les deux hémisphères
　Les Maçons répandus,
　Sont des peuples de frères,
　Cités par leurs vertus.
　D'une faveur insigne,
　Comblés en tout pays,
　Ils n'ont qu'à faire un signe
　Pour trouver des amis.

CHŒUR.

Ah ! qu'il est doux d'être Maçon , etc.

2ᵉ.

Jouissons de la vie,
Faisons toujours le bien;
Point de mélancolie,
Elle ne mène à rien.
Ou qu'il vente, ou qu'il pleuve,
N'en soyons pas moins gais;
Les enfans de la veuve
Ne périront jamais.

CHŒUR.

Ah ! qu'il est doux, etc.

3ᵉ.

Quoique très-pacifiques,
Nous faisons feu souvent;
Mais les feux maçonniques
N'offrent rien d'effrayant,
   Si, tout comme nos pères,
Nous avons des canons,
C'est pour boire à nos frères
Que nous nous en servons.

CHŒUR.

Ah ! qu'il est doux d'être Maçon,
Soyons fiers d'un aussi beau nom,
Et chantons tous à l'unisson,
Vivent les enfants d'Hérodom !

COUPLETS

Par le F∴ Armand-Séville.

Air : *Relevons, etc.*

1er.

Au lieu de cette colonne
Qui devait porter aux cieux
Des vaillans fils de Bellone
Les exploits miraculeux.
D'Henri plaçant la Statue
Et du cœur suivant la loi,
Que tout Français salue
Et son Père et son Roi.

2e.

Vainement dans leur délire
Des mortels audacieux
Avaient prétendu détruire
Ce monument précieux.
Henri devait d'âge en âge,
Survivre à tant de fureurs,
Car son auguste image
Existait dans nos cœurs.

3e.

Lorsqu'une horde égarée
Sur ses pas traînant le deuil,
Dans l'enceinte révérée
Vint outrager son cercueil.
Ah ! dans ces instans funestes
Ces ingrats auraient dû tous

(44)

Voyant ses nobles restes
Tomber à ses genoux.

4e.

Fuyant les lambris du Louvre,
Ne l'a-t-on pas vu souvent
Sous le chaume qui le couvre
Chercher l'honnête indigent.
Partager son mets champêtre
Et pénétrant ses secrets,
Ne se faire connaître
Que par ses seuls bienfaits.

5e.

D'Henri le vœu populaire
En vieux proverbe passé,
Sous un règne tutélaire
Pourra donc être exaucé.
Et dans une gaîté franche
Moins tourmenté par l'impôt
L'artisan le dimanche
Mettra la poule au pot.

6e.

Aux drapeaux de Mars fidèle
Il brillait dans les combats,
A ses discours une belle
Long-temps ne résistait pas.
En lui qui put méconnaître
Le vrai soutien de l'honneur,
De nos guerriers le maître,
Des Français le vainqueur.

7ᵉ.

Mais il s'anime, il respire
Son front nous peint la bonté ;
Sur sa bouche est le sourire
Et dans ses yeux la gaîté.
De lui le peuple idolâtre
Toujours chante en le voyant :
   Vive Henri 1V !
   Vive ce Roi vaillant, etc.

———

COUPLETS

Par le F⸫ Tissot, Grand-Orateur.

Air : *à jeûn je suis trop Philosophe.*

1ᵉʳ.

Combien j'admire l'harmonie
Qui règne dans tous nos banquets,
C'est là que le chagrin s'oublie
Et qu'on s'amuse sans regrets.   *bis.*
Aussi je veux achever ma carrière
Au milieu de tous les Maçons :
Afin de boire à mon heure dernière
A leur santé plusieurs canons.

CHŒUR.

Afin de boire, etc.

2ᵉ.

Que nous importe la satire
Du vulgaire, toujours méchant ;

Mes chers Frères, laissons le dire,
Autant en emporte le vent.　　　　　　　　*bis.*
Tout nous promet d'heureuses destinées,
Jouissons donc en vrais Maçons :
Et puissions-nous encor dans cent années
Remplir et vider nos Canons.

CHŒUR.

Et puissions-nous, etc.

3e.

Quand les mœurs sont irréprochables
On peut braver tous les revers ;
Il n'est que les hommes coupables
Qui craignent d'être découverts.　　　　*bis.*
Il faut avoir de la philosophie
C'est l'apanage des Maçons :
Mes chers amis, faisons taire l'envie
Avec le feu de nos Canons.

CHŒUR.

Mes chers amis, faisons taire l'envie
Avec le feu de nos canons.

FIN.

Imprimerie de Doublet, rue Gît-le-cœur, n°. 7.